BEI GRIN MACHT SICH IHR WISSEN BEZAHLT

- Wir veröffentlichen Ihre Hausarbeit, Bachelor- und Masterarbeit

- Ihr eigenes eBook und Buch - weltweit in allen wichtigen Shops

- Verdienen Sie an jedem Verkauf

Jetzt bei www.GRIN.com hochladen und kostenlos publizieren

Bibliografische Information der Deutschen Nationalbibliothek:

Die Deutsche Bibliothek verzeichnet diese Publikation in der Deutschen National-bibliografie; detaillierte bibliografische Daten sind im Internet über http://dnb.d-nb.de/ abrufbar.

Dieses Werk sowie alle darin enthaltenen einzelnen Beiträge und Abbildungen sind urheberrechtlich geschützt. Jede Verwertung, die nicht ausdrücklich vom Urheberrechtsschutz zugelassen ist, bedarf der vorherigen Zustimmung des Verlages. Das gilt insbesondere für Vervielfältigungen, Bearbeitungen, Übersetzungen, Mikroverfilmungen, Auswertungen durch Datenbanken und für die Einspeicherung und Verarbeitung in elektronische Systeme. Alle Rechte, auch die des auszugsweisen Nachdrucks, der fotomechanischen Wiedergabe (einschließlich Mikrokopie) sowie der Auswertung durch Datenbanken oder ähnliche Einrichtungen, vorbehalten.

Impressum:

Copyright © 2018 GRIN Verlag
Druck und Bindung: Books on Demand GmbH, Norderstedt Germany
ISBN: 9783668793149

Dieses Buch bei GRIN:

https://www.grin.com/document/439470

Siegfried Wüst

Führung in einer veränderten Geschäftswelt. Spitzenleistung mit Augenmaß - Menschen ermöglichen Erfolge

GRIN Verlag

GRIN - Your knowledge has value

Der GRIN Verlag publiziert seit 1998 wissenschaftliche Arbeiten von Studenten, Hochschullehrern und anderen Akademikern als eBook und gedrucktes Buch. Die Verlagswebsite www.grin.com ist die ideale Plattform zur Veröffentlichung von Hausarbeiten, Abschlussarbeiten, wissenschaftlichen Aufsätzen, Dissertationen und Fachbüchern.

Besuchen Sie uns im Internet:

http://www.grin.com/

http://www.facebook.com/grincom

http://www.twitter.com/grin_com

Siegfried Wüst: **„Führung in einer veränderten Geschäftswelt"**
Spitzenleistung mit Augenmaß - Menschen ermöglichen Erfolge.

Wir erleben mehrere Veränderungen zur gleichen Zeit?

Strategie- und Personalkonzepte können nicht mehr allein mit althergebrachten Lehrbuchweisheiten, und massiven Computer-Datensammlungen gelöst werden.

"Die Schwierigkeit ist nicht, neue Ideen zu finden, sondern den alten zu entkommen!" (John Maynard Keynes). Innovation und Weiterentwicklung ermöglichen, ja erfordern, Querdenken und Infragestellen. Immer neue **Fragen stellen**, immer neue Potenziale suchen. Sich selbst und das eigene Handeln permanent und immer wieder hinterfragen. Wer mehr **Innovationsfähigkeit** hat, ist und bleibt erfolgreich. Das gilt für die einzelne Person wie für die Organisation.

1. **Gutes Personal**
2. **sehr gute Führungskräfte**
3. **Guter Vertrieb – innen und außen**

Qualität über Fortbildungen

1. Von der Industrie zur **Wissensgesellschaft mit hohem Dienstleistungsanteil.**
2. Durch **Globalisierung** gibt es keine Hausmärkte mehr.
3. Der Umbau zu einem menschenwürdigen Kapitalismus ist notwendig.
4. **Führungsqualität** und **Zukunft** muss das reine Zahlenmanagement überflügeln.
5. Wir brauchen mehr Führungskräfte, die **optimal mit Menschen umgehen können.**
6. **Führungsansätze und Führungsmodelle** gibt es unzählige, nicht jeder ist sinnvoll.

Wer seine Zukunft sichern will, muss seine Chancen und den Kunden-Nutzen in Einklang bringen!

Die Realwirtschaft hat gegenüber der Finanzwirtschaft in Bezug auf deren Umsätze erheblich abgenommen. Das bedeutet doch, es wird mehr mit Buchgeld (fiktivem Geld) operiert. Ist das sinnvoll? Die Finanzmarktumsätze betragen teilweise schon das zehnfache der Realwirtschaft. Wenn wir alle auf der Welt sinnvoll und auskömmlich leben wollen, sollte mehr auch auf die Bedeutung der Menschen und der Umwelt geachtet werden!

Die ZUKUNFT ist vorne – umdrehen und handeln.

Siegfried Wüst: „Führung in einer veränderten Geschäftswelt"
Spitzenleistung mit Augenmaß - Menschen ermöglichen Erfolge.

Betriebe und Organisationen leben doch von ihren Kunden, den Menschen? Im Krankenhaus sind es Patienten, bei einem Autohaus sind es Autointeressenten. Wenn alle ihre Kunden zumindest behalten wollen, so ist doch **das reale Kundeninteresse zu beachten.** Im Falle des Krankenhauses bedeutet das, eine gute Betreuung und gute Regenerierung. Bei einem Autohändler sind es eine gute Information und ein guter Kundenservice.

Beispiel: Wenn ein Telekommunikationskunde einen 24-Stunden-Service erwartet, dann sind schon zwei Tage schlecht, oder? Die Wurzel von Ärger und Verärgerung liegt doch immer in der Diskrepanz zwischen Erwartungshaltung und der Realität.

Kunden sind das Kapital und die Mitarbeiter das Eigenkapital eines Unternehmens

Unternehmenserfolge sind zu 2/3 von den Mitarbeitern geprägt

Wer allein arbeitet blockiert oder addiert nur

Methoden Handwerkszeug

Als Chef ist es wichtig zu führen, zu delegieren und zu motivieren

Siegfried Wüst: **„Führung in einer veränderten Geschäftswelt"**
Spitzenleistung mit Augenmaß - Menschen ermöglichen Erfolge.

Inhaltsübersicht :   Seite

Die Globalisierung ist real   4 bis 8

Blender verursachen mehr als 50% der Schäden in der Weltwirtschaft   9

Internet Fluch oder Chance?   4, 5

Qualität der Führungskräfte ist entscheidend   10 bis 18

Hyperwettbewerb und Umgang damit   19 bis 24

Störungen, Störgrößen im Unternehmen   25
Erfolgsgrundsätze   26

Erfolgsleitsätze   26, 27
Spitzenleistungen, Hintergründe   28

Firmencheck   29
Agiles Unternehmen   30
Stärken und Schwächen kennen   31, 32, 33

Technik Verlauf und Lastenverteilungen   33, 34, 35
Wirtschaft einordnen   36

Denken, Meinung und was folgt ...   37

England – Aufstieg und Folgen   38

Witziges   39
Analysen/Übersichten, BWL bisher, Grundlegendes Wirtschaft/Erfolg   40 bis 53

Lassen Sie sich mitnehmen auf die komplexe Reise zur Führung. Manches wird sich wiederholen und so gewünscht zur Verdeutlichung beitragen. - Lernhilfe -

Siegfried Wüst: **„Führung in einer veränderten Geschäftswelt"**
Spitzenleistung mit Augenmaß - Menschen ermöglichen Erfolge.

Ist das Handeln am Markt nur noch Verdrängung mit allem Mitteln, oder kann man auch seinen Platz finden und diesen behaupten? Oder, bleiben künftig nur noch Lidl und Aldi oder Gucci und Armani? Sorglosigkeit ist ungut, vor allem wenn es um uns herum schwieriger wird. Eine Politik, die uns ständig einredet alles ist gut, ist dabei wenig hilfreich. Die Marktänderungen kommen so schnell, dass man ständig wachsam sein muss.

Ein Beispiel, wie schnell ein Geschäftsmodell verschwinden kann, ist der Sektor der einst kostenpflichtigen SMS. Durch eine App wird dies nun kostenfrei angeboten, und somit wird das ursprüngliche Geschäftsmodell aufgehoben.

Brauchen wir z.B. wirklich so viele SUV's? Harald Lesch hat mal in einem Vortrag gesagt, wenn man an unseren Zufahrten der Schulen die letzten 50 Jahre mit Video aufgezeichnet hätte:

Anfang - Kinder kamen zu Fuß - Kinder kamen mit Eltern - Kinder kamen mit dem Fahrrad - Kinder werden in einem SUV gebracht.
Haben wir nun ein Land der FORSTWIRTE?

Eine hektische Umorganisation ist meist keine gute Lösung. Alle Entscheidungen haben oft weitreichende Konsequenzen. Es gilt immer Aktion und Reaktion zu beachten. Eine in der Schwebe gehaltene Personalsituation ist auf Dauer keine gute Lösung. Daher ist auch die Gerüchteküche sehr zu berücksichtigen. Ferner sollte man nicht leichtfertig mit dem langjährig erworbenen Firmenwissen umgehen. Menschen, die sich nicht wahrgenommen empfinden, geben auf oder gehen. In einer diffusen Lage sind es oft die besten Leute, die das Unternehmen verlassen. Jeder Mensch geht weg, wenn er sich nicht wahrgenommen fühlt. „Nur wo Potenziale sich entfalten dürfen, macht Arbeit richtig Spaß (Wolfgang Berger)."

Internet Fluch oder Chance? In einzelnen Industriezweigen hat sich die Handelswelt sehr verändert. Oft schauen sich Menschen in Läden etwas an und kaufen dann günstigst im Internet. Wie sollen Geschäfte hier Service und Kosten in Einklang bringen und da mithalten? Wenn die Läden schließen, was wird dann mit einem Einkaufsbummel?

Ferner hinterlässt jeder Nutzer Spuren und ist so leicht kontrollierbar und sogar manipulierbar. Glauben Sie nicht?

Siegfried Wüst: **"Führung in einer veränderten Geschäftswelt"**
Spitzenleistung mit Augenmaß - Menschen ermöglichen Erfolge.

Beim Surfen im Internet wird die Adresse jeder Seite und jedes Bildes, in so genannten Log-Dateien des Anbieters gespeichert. Würde beispielsweise eine Firma das Surf-Verhalten ihrer Mitarbeiter kontrollieren wollen, könnte sie theoretisch diese Log-Dateien auswerten und herausfinden:

„Unser Mitarbeiter Wolfgang Schmidt kommt gerade von unserem Gesundheitsportal. Jetzt ruft er unsere Wetterseite auf und schaut sich den Wetterbericht für Köln an."

```
149.219.195.999 - -
[15/Jun/2004:13:30:02 +0100] "
GET /home/gesundheit/
HTTP/1.1" 200 18158
"-"
"Mozilla/4.0 (compatible;
MSIE 5.5; Windows NT 5.0)"
```

Gelangt man über einen Hyperlink auf eine andere Seite, wird zusätzlich die Herkunftsseite in die Log-Datei geschrieben – in unserem Beispiel steht allerdings nur „ - ", weil die Adresse direkt eingegeben wurde.

```
149.219.195.999 - -
[15/Jun/2004:13:31:19 +0100] "
GET /home/wetter/
HTTP/1.1" 200 18158
"-"
"Mozilla/4.0 (compatible;
MSIE 5.5; Windows NT 5.0)"
```

Quelle: WDR Quarks & Co,
Big Brother is watching you.

```
149.219.195.999 - -
[15/Jun/2004:13:31:19 +0100] "
GET /images/wetter-koeln.jpg
HTTP/1.1" 200 4830
"-"
"Mozilla/4.0 (compatible;
MSIE 5.5; Windows NT 5.0)"
```

Der digitale Fortschritt hat seinen Preis. Digitale Spuren sind deutlich wie ein Fußabdruck. Um zu folgen, muss man noch nicht einmal in der Nähe sein. Moderne Kommunikationsmedien gehören zum Alltag. Niemand möchte darauf verzichten.

Auf der Suche nach Spitzenleistungen und einem Spitzenplatz sind unterschiedliche Wege sinnvoll und möglich!

Man kann oft feststellen, im Aufschwung der Wirtschaft überwiegt das Miteinander und im Abschwung das Gegeneinander, wie soll das zu einer Kontinuität gereichen? Wir starten mit Homeoffice-Möglichkeiten und wundern uns über eine mangelnde Abstimmung.

Siegfried Wüst: „Führung in einer veränderten Geschäftswelt"
Spitzenleistung mit Augenmaß - Menschen ermöglichen Erfolge.

Ein kurzfristig besseres Ranking im Aktienmarkt kann kein gutes Ziel sein, denn so wird oft ständig umgebaut oder abgebaut, und so die Zukunft missachtet. Erfahrung und Können unter Einsatz moderner Technik und Gehirnschmalz sind wichtig.

- **Wer hätte vor 15 Jahren an ein E-Book** (bezeichnet Bücher in digitaler Form) gedacht?
- **Wer hätte vor 30 Jahren an den Siegeszug des digitalen Telefons** (oder Mobiltelefon) gedacht?
- **Wer hätte vor 30 Jahren mal ein so fragwürdiges Image bei Banken** für möglich gehalten?

Deutschland rutscht im Wettbewerbsranking ab Stand 2016

Gesamtplatz (Vorjahresplatzierung in Klammern)		volkswirtschaftliche Leistungsfähigkeit	Effizienz der Regierung	Effizienz der Unternehmen	Infrastruktur
1	(1) Hongkong	11	1	1	20
2	(2) Schweiz	15	2	5	1
3	(4) Singapur	6	3	10	7
4	(3) USA	1	27	14	2
5	(8) Niederlande	9	12	4	8
10	(15) V. Arab. Emirate	5	4	2	37
13	(12) Deutschland	7	21	16	9
18	(18) China	2	45	18	25

Quelle: IMD

Quelle: Infografik: Die Welt   https://www.welt.de/wirtschaft/article165132931/Der-schleichende-Abstieg-des-Standorts-Deutschland.html

Schauen wir mal wie alles „so richtig" begann:

1780 – 1849   **Beginn der Automatisierung, 1 te Stufe**

Dampfmaschine   zunächst gingen Arbeitsplätze verloren.

dann

Siegfried Wüst: **„Führung in einer veränderten Geschäftswelt"**
Spitzenleistung mit Augenmaß - Menschen ermöglichen Erfolge.

Elektrotechnik	Nun ermöglichten **Licht, Antriebe und Energie**,
1890 – 1940	neue Arbeitsmöglichkeiten. Neue Techniken entstanden.
1940 – 1990	Transistor, Mikroprozessor, Computer, Roboter.
Automatisierung	**Die Automatisierung nimmt Fahrt auf. Stufe 2.**
Auto	ermöglichte neue **Mobilität und neue Arbeitsfelder**.
1886 Benz Patent	löste Pferde und Kutschen ab, dauerte eine Zeit.
Traktoren, Schlepper	**1892 erfand der deutschstämmige US-Amerikaner John Froehlich einen Traktor mit Verbrennungsmotor. Die Landwirtschaft ...**
	Ermöglichte so den Übergang von Handarbeit zur effektiveren, maschinellen Feldarbeit und mehr Erträgen. Arbeitsplätze gingen in der Landwirtschaft verloren.
Computer	**Schafften neue Bürowelten und eine Optimierung der Büroarbeit.**
1941 Zuse	Archivierung und Korrespondenz wurden erleichtert. **Im industriellen Einsatz, eine neue Automatisierungswelle.**
Globalisierung	Zwei Drittel der Weltproduktionen sind nun in Asien angekommen.
Veränderte Welten	Märkte veränderten sich rasant. Neue Wettbewerber entstanden in rasantem Tempo.

... und die Zeit bleibt nicht stehen, also müssen wir uns den kommenden Herausforderungen engagiert stellen.

Siegfried Wüst: **„Führung in einer veränderten Geschäftswelt"**
Spitzenleistung mit Augenmaß - Menschen ermöglichen Erfolge.

Ziele – Grundlegendes – Übersicht - Zusammenhänge

Die Umsetzung entscheidet:

Es wird auf Unternehmenskultur und Zukunftsperspektiven geachtet. Die Bedeutung der Menschen als Handelnde und Kunden wird in den Vordergrund gestellt.

Praxis für die Praxis.

Bis 70% der "Change Projekte" scheitern! Bis 70% der Fusionen gehen schief. 57% gaben an, Entscheidungsträger und talentierte Mitarbeiter verloren zu haben. Bis 47% der Mitarbeiter haben mal wegen des Chefs gekündigt. Bis 75% der Mitarbeiter machen Ihre Einsatzfreude von der Qualität der Kommunikation mit dem Vorgesetzten abhängig.

Siegfried Wüst: **„Führung in einer veränderten Geschäftswelt"**
Spitzenleistung mit Augenmaß - Menschen ermöglichen Erfolge.

Was eine "Wirtschaftsprofilerin" sagt: "Blender verursachen mehr als 50% der Schäden in der Weltwirtschaft – können wir uns das leisten?"

Und da ist noch die Sichtweise

Wer mit dem Zeigefinger auf ANDERE deutet, vergisst oftmals, dass gleichzeitig mindestens 3 Finger auf ihn selbst zurück zeigen

Denken und Verstand – sind die Basis für den Erfolg - und somit auch für den Weg den wir gehen werden.

Täglich überrollt uns eine Flut von Informationen: Zeitungen und Zeitschriften, Broschüren, Fernsehen, Radio, Internet, Postsendungen, Bürokratie, Hinweis-, Gebots- und Verbotsschilder im täglichen Verkehrsaufkommen. Sind wir nicht in unseren Gedanken und Erwartungen sowie in unseren zum Teil selbst auferlegten Vorschriften und Handlungsweisen gefangen und behindert? Wer ist sich noch bewusst, wo, wie, wann und welche Anträge und Vorschriften es zu beachten gilt? Wer kann noch ohne Hilfe selbst seine Steuererklärung erledigen? Wer findet sich in diesem überbordenden Informationsdschungel noch zurecht?

Wir denken angesichts dieser Informationsflut oft zu kompliziert und verfallen schnell in gewohnte Strickmuster. Dabei wäre oft schon ein einfaches Nachdenken sehr hilfreich, die Konzentration auf das Wesentliche: Was ist für mich der größte Nutzen, was ist für mich die beste Chance? Was ist das größte Risiko?

Siegfried Wüst: **„Führung in einer veränderten Geschäftswelt"**
Spitzenleistung mit Augenmaß - Menschen ermöglichen Erfolge.

Der Wettbewerb wird über gute Führungskräfte **entschieden: Respektvoll, vertrauenswürdig & qualitativ.**

Die Qualität und Umsetzung sind die Basis für Erfolge.
(http://www.wuest-weiterbildung.com/index.php?die-fuehrungskraefte-toolbox)

Konzentration auf das Wesentliche – im Grunde eine Binsenweisheit. Doch was wir im Wirtschaftsteil der Zeitungen lesen zeugt oftmals vom Gegenteil. Misserfolge, falsche Entscheidungen, willkürliches Handeln, Rechthaberei, Geltungsbedürfnis, Profilierungssucht, mangelnde Lernbreitschaft sind an der Tagesordnung.

So gibt es beispielsweise Unternehmen und Verbände mit der Einstellung: Wenn man über ein offensichtliches Problem nicht spricht, dann gibt es dieses Problem nicht. Und man nimmt einfach nicht zur Kenntnis, dass sich mit der Zeit dieses Problem zu einem regelrechten Fiasko entwickelt. Umso schlimmer ist dann das Erwachen. Oder ein anderes Beispiel: So drangsaliert in einem Verlag die Geschäftsleitung die Redaktionen über Jahrzehnte mit Unternehmensberatern und unterschiedlichsten Maßnahmen, ohne dass sich Anzeigenumfang und Auflage der einzelnen Objekte entscheidend verbessern. Auf die Überlegung, ob man nicht einmal die Anzeigen- und Vertriebsabteilungen überprüfen sollte, wird überhaupt nicht in Erwägung gezogen. Spricht man die Entscheidungsträger auf dieses defizitäre Verhalten an, bekommt man zur Antwort: „Sie bringen jetzt einen ganz unguten Ton hinein." Und ganz konsequent wird nichts geändert.

Präferenzen richtig nutzen! Laut einer Studie im Südwestfalen Manager 0314 sind es beachtliche 138 Milliarden Euro, die deutschen Unternehmen Jahr für Jahr verloren gehen – allein dadurch, dass Führungskräfte nicht wissen, wie sie mit ihren **Mitarbeiterinnen und Mitarbeiter angemessen umgehen sollten.**

Wie selbst renommierte **Marken Glaubwürdigkeitsprobleme** bekommen, wenn sie gemachte Versprechen nicht zu erfüllen, bekam auch mal der ADAC zu spüren.

Die wahren / richtigen **Informationen zur richtigen Zeit den richtigen Personen** zur Verfügung zu stellen, darin liegt auch ein Schlüssel für Erfolge. Den Blick nur auf die nächsten Quartalszahlen zu richten, kann für Unternehmen böse enden.

Siegfried Wüst: **„Führung in einer veränderten Geschäftswelt"**
Spitzenleistung mit Augenmaß - Menschen ermöglichen Erfolge.

Wer sein eigentliches Geschäftsmodell vernachlässigt, übersieht auf lange Sicht Chancen und überlässt so möglicherweise seinen Mitbewerbern den Vortritt.

Zufriedene Mitarbeiter tragen zum Unternehmenserfolg bei. Die Excellence-Barometer-Studie der Deutschen Gesellschaft für Qualität e.V. zeigt, dass Mitarbeiter den Erfolg doppelt mittragen: Erstens sind emotional gebundene und zufriedene Mitarbeiter dem Unternehmen treu. Sie vermeiden dadurch hohe Kosten für die Personalsuche, sowie für die Einarbeitung, und sichern gleichzeitig das bestehende Wissen.

Gedanken werden zu Erwartungen, diese werden dann zu Realitäten

Sie kommen zur Arbeit und ärgern sich über Situationen, Kollegen, Chefs. Im schlimmsten Fall hört der Ärger gar nicht auf. Wir diskutieren und ärgern uns gemeinsam mit unseren Kollegen über Entscheidungen aus den Chefetagen. Über nervige Kunden – über anstrengende Kollegen. Wir befinden uns immer sofort in dem Drama. Wir bauen **„eine sich selbst erfüllende Voraussage auf"** und genau das hält uns nun gefangen. Unsere Probleme mit anderen Menschen – in Arbeitsbeziehungen oder auch in privaten Beziehungen haben oft mit unseren unerledigten Gefühlen zu tun.

Und noch etwas ist problematisch - Fritz, der „innere Schweinehund"

Kennen Sie Fritz? Natürlich. Fritz lebt in Ihrem Kopf und bewahrt Sie vor allem Übel dieser Welt. Immer wenn Sie etwas Neues lernen oder Sie sich mal anstrengen müssen, ist Fritz zur Stelle: „Lass das sein!" rät er Ihnen. Und wenn Sie mal vor einer spannenden Herausforderung stehen, erklärt Ihnen Fritz gerne: „Das schaffst du sowieso nicht!" Mit solchen Ratschlägen will er Sie „beschützen"?

Also, nicht jammern, sondern handeln. Das Prinzip **Wollen und Handeln** ist immer besser und hilft uns weiter. Die positive Einstellung und der Wille zur Handlung sind sichere Erfolgsgarantien. Wir können den Spruch „Reden ist Silber, Schweigen ist Gold" ummünzen in: **„Reden ist Silber, Handeln ist Gold".**

Siegfried Wüst: **„Führung in einer veränderten Geschäftswelt"**
Spitzenleistung mit Augenmaß - Menschen ermöglichen Erfolge.

Erfolg ist sehr individuell, jedoch gilt: Erfolgreiche Menschen sind aktiv!

Lebensentwurf/Erfolg: Was bedeutet für mich Erfolg

- **Erkennen eigener Werte** (Familie, Freunde, Gemeinschaft, Gelassenheit, Ehrlichkeit usw.)
- **Vision entwickeln** (Persönlichkeit, Perspektive, Zukunft vorstellen...) Richtung wählen
- **Lebensbereiche entdecken** Arbeit, Gesundheit, Familie/Partner, Kultur/Lebenssinn)
- **Lebensrolle definieren** (welche Rolle spiele ich im Leben/zu viele Rollen verursacht Zeitprobleme)
- **Ziele finden** (Freude am Handeln haben/Aufgaben finden, die Freude machen)

Unser Gehirn braucht Ziele !
Ziele motivierend und positiv formuliert (optimistisch).

Siegfried Wüst: **„Führung in einer veränderten Geschäftswelt"**
Spitzenleistung mit Augenmaß - Menschen ermöglichen Erfolge.

Unser Gehirn (insbesondere das Unterbewusstsein) ist das Navigationssystem unseres Lebens. Wenn es falsche Ziele hat, „läuft" es in die falsche Richtung

Beispiel :
Ich WILL einschlafen – na dann WILL mal – OK – aber einschlafen werden wir wohl nicht.

Ein Beispiel zum Thema ZIEL:

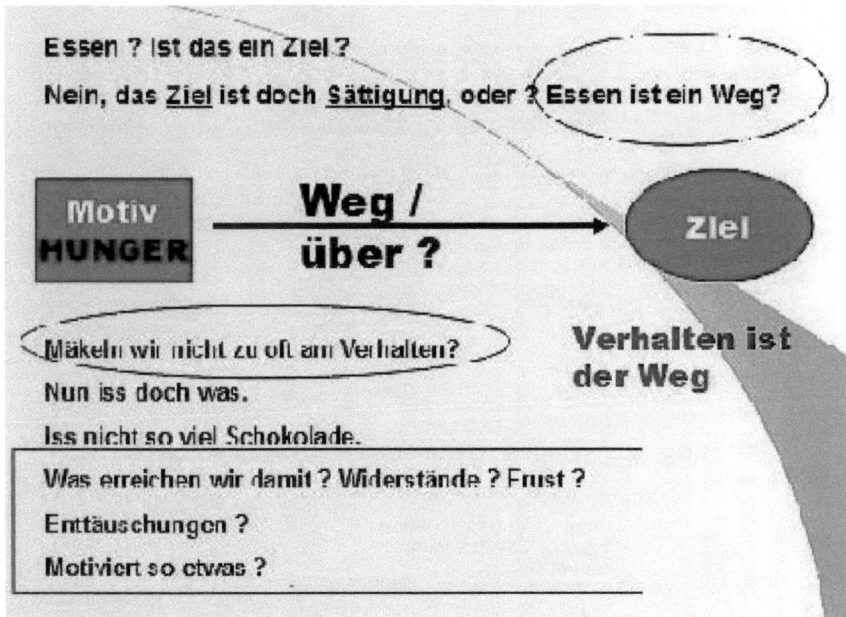

Wichtig ist es den „Fluss des eigenen Lebens" zu finden.

In diesem Fall geschieht Vieles von selbst und man ist überrascht wie gut es läuft.

Es geht immer eine Tür auf.

Ziele sollten jedoch auch mit den persönlichen Werten im Einklang stehen.

Siegfried Wüst: **„Führung in einer veränderten Geschäftswelt"**
Spitzenleistung mit Augenmaß - Menschen ermöglichen Erfolge.

Ein Unternehmen ist ein vernetztes Gebilde

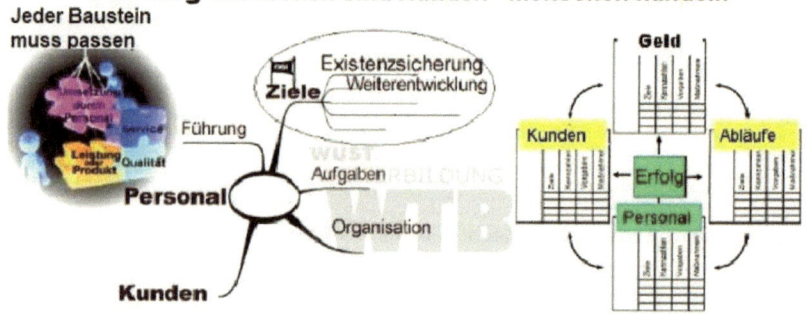

1. Sich , 2. Firma / Organisation , 3. Leistung / Produkt
   Hierzu gilt es Abläufe und Gegebenheiten zu beachten

Siegfried Wüst: **„Führung in einer veränderten Geschäftswelt"**
Spitzenleistung mit Augenmaß - Menschen ermöglichen Erfolge.

Was sind meine Erfolgsbremsen:

Ausreden	(weil ich ....)
Abschieben auf Andere	(weil mein Freund erst im .... Zeit hat ....)
Unentschlossen sein	(könnte , hätte usw.)
Angst lähmt, Mut ist besser	(Adler/Weitblick - statt Frosch sein)

**Wer tut, was er immer tut, bekommt was er immer bekommt!
Verantwortung für sich selbst übernehmen, bereit sein zu handeln und mutig sein**

Erfolg ist unterschiedlich in der Vorstellung der Menschen. Der eine ist nur auf Geld und Macht geprägt, der andere stellt sich ein Leben in freier Gestaltung vor, der nächste ist orientiert am Wohle seiner Mitmenschen. Es ist also wieder einmal unsere eigene Vorstellung, die uns prägt.

Sie merken, unser Unterbewusstsein ist unsere Schatztruhe und der eigentliche Antrieb. In unserem Unterbewusstsein finden wir alles Wissen über uns und der Vergangenheit. Tatsächlich stellt unser Denken die Grundlage für alles was wir im Leben erreichen und erleben dar.

Es ist ein komplexes System aus Gedanken, Entscheidungen, Emotionen, und Ängste, das insgesamt in Zusammenarbeit mit dem Unterbewusstsein das gesamte Leben steuert, es ist der Antriebsmotor.

Das Unterbewusstsein möchte die Gedanken umsetzen. Das ist das Kern-Problem. Wer denkt das ist aber schlecht, der empfindet den Vorgang als ungut.

Weiter gilt, dass Sie als Optimist andere Optimisten in Ihr Leben ziehen und als Pessimist viele negative Menschen. Das geschieht nicht auf Knopfdruck, aber im Laufe der Zeit passiert es. Folglich ist Ihre Einstellung ganz wichtig.

Siegfried Wüst: **„Führung in einer veränderten Geschäftswelt"**
Spitzenleistung mit Augenmaß - Menschen ermöglichen Erfolge.

Jede Leistung und jeder Erfolg wurzeln in einer Idee.

Ein Unternehmen ist ein vernetztes Gebilde – für Bereiche und Menschen - Führung ist folglich eine umfassende Aufgabe. Man kann nicht einfach einen Teil wie einen losgelösten Baustein betrachten. Das kann zu immensen Folgeproblemen werden. Auch Kosten sind betroffen. Man muss immer analysieren welche Konsequenzen damit verbunden sind. Eine Analyse erfordert Erfahrung und Wissen über Zusammenhänge.

Alles hat Konsequenzen. Aktion/Reaktion /Menschenkenntnis/Kein Egotrip.

- Erfolg ist nur gemeinsam möglich.
- Wirklicher Erfolg ist nicht kurzfristig.
- Menschen sind Kunden und Handelnde.
- Menschen sind „systemrelevant"

Verfügen Sie über eine gute Menschenkenntnis?

Es gibt Bewahrer und Veränderer. Beides ist sinnvoll.
Lokalisieren / realisieren Sie Einwände, bevor Sie antworten?
Achten Sie darauf die Dinge auch mit den Augen des Gegenübers zu sehen?

Wichtig sind - So sollte Ihre SICHT sein ...

- Ich kommuniziere - **Kommunikation/Teamplayer** sein.
- Ich bevorzuge aktives **Zuhören**"- ggf. Rückfragen.
- Ich stelle keine **Behauptungen** auf, sondern **argumentiere** mit Fragen.
- Ich halte keine Monologe, sondern suche den **Dialog**.
- Ich verfüge in der Regel über einleuchtende **Praxisbeispiele**.
- Ich erfrage **Einwände**. Kommunikation und **Information** sind sehr wichtig.

Zeitmanagement ist für mich gelebte Wirklichkeit!
Konfliktfähigkeit ist ganz wichtig / jedoch bitte lösungsorientiert.

Meinungsverschiedenheiten behandle ich umgehend und als wichtige Aspekte. Meine Beweggründe, Gefühle, Emotionen und Wünsche kann ich für andere klar kommunizieren. Ich bin so für andere klar, authentisch und vermeide damit Widerstände. Ich strebe immer eine WIN / WIN Lösung an. Ich bin nicht nachtragend, wenn ein Konflikt erledigt ist.

Siegfried Wüst: **"Führung in einer veränderten Geschäftswelt"**
Spitzenleistung mit Augenmaß - Menschen ermöglichen Erfolge.

Die Rolle der Führungskraft

Führen ist mehr als managen; Emotionale Intelligenz/Soziale Kompetenz.
Was erwartet mich als Führungskraft?

- Brauche ich einen persönlichen **Führungsstil**? - JA – authentisch sein.
- Mythos Motivation oder ? - JA – Begeisterung weckt Energie – Erfolg.
- Kommunikationsstruktur und **Kommunikationskultur**.

Dazu sind wesentlich:

- Effizientes **Berichtswesen** – wie aufbauen und somit den Nutzen absichern?
- **Konfliktmanagement** (Menschen sind verschieden/Respekt/Ehrlichkeit).
- Problem- und Ursachenanalyse.Realitäten sind prüfbar.
- Qualifizierte **Prüfung/Überprüfung** ist eine wichtige Voraussetzung.
- Aktion und Reaktion bewerten.
- Gibt es „das" Erfolgskonzept? Nein, Menschen und Probleme sind individuell.
- **Selbstmanagement** (Persönliche Sinngebung, Zielsetzung und Entwicklung).
- Welche Werte sind mir wichtig? (Erfolg/Glück/Zufriedenheit/der Beste sein).
- Wo und wie setze ich daher meine **Prioritäten**?
- Aktivität und Entspannung beachten.
- Grundregeln der **Zeitplanung** (Warum Zeitplanung?). Rituale erleichtern.
- Sortieren/bearbeiten/ablegen? Wichtig / Dringlich? Selbst oder Delegieren?
- Lebensplanung/Monatsplanung/Wochenplanung/Tagesplanung.

Formulieren Sie Ihre Tages- und Wochen-Ziele <u>schriftlich</u> und übersichtlich.

Wenn **Vorgänge ritualisiert werden können**, sind diese auch nicht mehr so belastend. Das Gedächtnis wird entlastet und die Tage haben eine Grundstruktur und somit auch einen sehr sorgfältig geplanten Verlauf. Wichtig ist jedoch nur maximal 60 Prozent des Tagesbedarfes dafür festzulegen, um noch für aktuelle Vorkommnisse Zeit zu haben.

Das **Paretoprinzip, auch Pareto-Effekt, 80-zu-20-Regel**, besagt, dass 80 Prozent der Ergebnisse in 20 Prozent der Gesamtzeit eines Projekts erreicht werden. Die verbleibenden 20 Prozent der Ergebnisse verursachen die meiste Arbeit.

Siegfried Wüst: **„Führung in einer veränderten Geschäftswelt"**
Spitzenleistung mit Augenmaß - Menschen ermöglichen Erfolge.

Die Wege zum Erfolg durch Ziele und Teilziele (schriftlich!) 1 ter Schritt : Ich kenne meinen pers. Zeitbedarf – siehe davor.

- Beschreiben Sie Ihre **Aktivitäten** und Schritte, um Ihr Ziel zu erreichen.
- Wie viel **Zeit** wollen Sie **für die Erfüllung Ihres Zieles** aufbringen?
- Wer kann Ihnen bei der Verwirklichung Ihres Zieles **helfen**?
- Welche **Mittel** (finanzielle) benötigen Sie für Ihr Ziel.
- Was werden Sie tun wenn die Verwirklichung Ihres Zieles nicht klappt?
- Beschreiben Sie **Alternativen** wie Sie Ihr Ziel anders erreichen können.
- Bleiben sie positiv, nach Lösungen und Wegen suchen.
- Seien sie immer **respektvoll**, bei allem was sie tun.
- Bei Verhandlungen sind auch **Kompromisse** erforderlich (WIN/ WIN).
- Hören sie gut zu und stellen sie ggf. Fragen.
- Bei **Konflikten** nicht eskalieren lassen - zumindest zeitnah lösen.
- **Struktur und Zeitplanung** (z.B. nach dem Pareto System 80 : 20) erleichtern viel.

Noch einmal im Überblick :

Arbeiten ohne Planung

Lösung: Wochenplan am Freitag für die kommende Woche

Tagesplan am Vorabend

Mangelnde Zielsetzung

Lösung: Ziele, Prioritäten bestimmen

Mangelnde Selbstdisziplin

Lösung: Rituale für festliegende Dinge haben,

konsequent sein, auch mal Nein sagen

Ganz wichtig ist schriftlich – nicht im Kopf - nachvollziehbar

Siegfried Wüst: **„Führung in einer veränderten Geschäftswelt"**
Spitzenleistung mit Augenmaß - Menschen ermöglichen Erfolge.

„Hyperwettbewerb"

Grundfragen der Unternehmensführung:

1. In welchen **Geschäftsfeldern** wollen wir tätig sein?
2. Wie wollen wir den **Wettbewerb** in den Geschäftsfeldern bestreiten?
3. Was ist unsere längerfristige **Erfolgsbasis**?

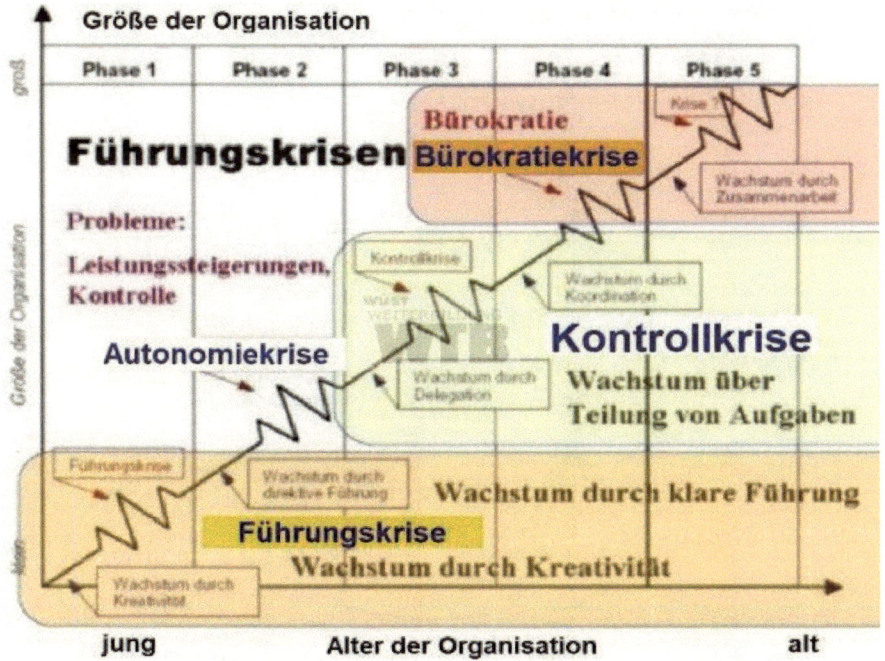

Siegfried Wüst: „Führung in einer veränderten Geschäftswelt"
Spitzenleistung mit Augenmaß - Menschen ermöglichen Erfolge.

Basisarbeit: Erstellen Sie eine Liste der aktiven oder geplanten Projekte und bewerten Sie den möglichen Beitrag der Projekte zum Unternehmensergebnis (ggfls. mit Nutzwertanalyse).

1. Identifizieren Sie **die 20 Prozent** der Projekte, die **80 Prozent** (Pareto-Prinzip) zum positiven **Unternehmensergebnis** beitragen; markieren / bzw. streichen Sie alle anderen Projekte zunächst einmal.
2. Geben Sie den nun priorisierten **Projekten** eine eindeutige **Rangfolge**.
3. Sorgen Sie dafür, dass nun zuerst mal nur noch an diesen **Projekten gearbeitet wird**.
4. Stellen Sie sicher, dass ein **neues Projekt nur begonnen wird**, wenn folgende **Bedingungen** erfüllt sind:

   A) Ein aktives **Projekt** wurde abgeschlossen oder ist begründet abgebrochen.
   B) Es besteht **Nutzen und Klarheit**, wie der Beitrag eines neuen Projekts zum Unternehmensergebnis aussehen kann.
   C) Es sind genügend **Ressourcen** vorhanden, um das neue Projekt zügig und unterbrechungsfrei „durchzuziehen".

5. Wenn zwei aktive Projekte um Ressourcen konkurrieren, geben Sie immer dem Projekt Vorrang, das weiter oben auf der Liste (siehe Schritt 3) steht.

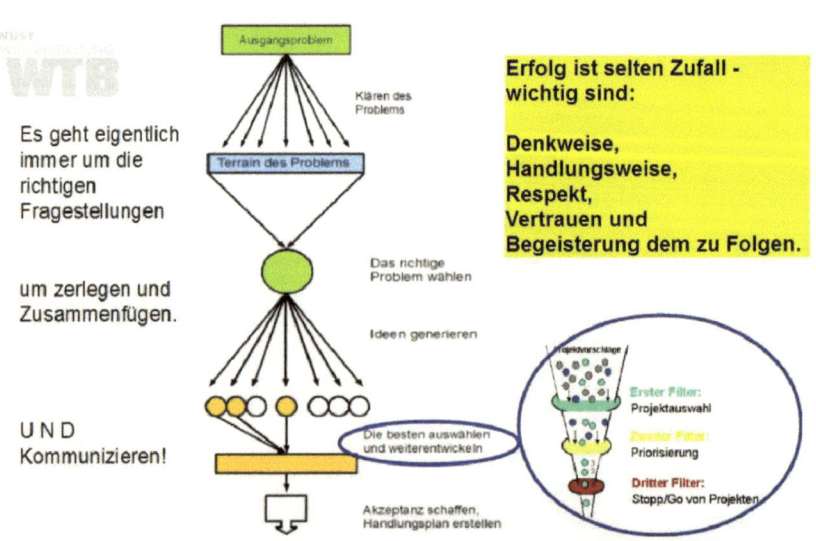

Es geht eigentlich immer um die richtigen Fragestellungen

um zerlegen und Zusammenfügen.

U N D Kommunizieren!

Erfolg ist selten Zufall - wichtig sind:

**Denkweise,
Handlungsweise,
Respekt,
Vertrauen und
Begeisterung dem zu Folgen.**

Siegfried Wüst: **„Führung in einer veränderten Geschäftswelt"**
Spitzenleistung mit Augenmaß - Menschen ermöglichen Erfolge.

www.wuest-weiterbildung.com   Copyright B. Wüst

Es gilt ständig an ...... zu optimieren

Bereich	Was	Zuständig / Betroffen
Qualität	Produkt / Dienstleistung	Firma / Organisation
Kompetenz	Schulung / Coaching	Personal
Fleiß	Einstellung / Motivation / Können	Personal

2 x ist das Personal (Führungskräfte und Mitarbeiter) gefordert
1 x ist die Firma / Organisation gefordert

Führungsqualität muss das Zahlenmanagement überflügeln.

Wir brauchen mehr Führungskräfte, die optimal **mit Menschen umgehen können**. Keiner ist allein erfolgreich.

Übergänge händeln wird ständig schwieriger: Kunden, Qualität, Zusammen-Arbeit?

Die Zeit der reinen Lehrbuchweisheiten ist vorbei.

Führungsfragen und Strategie sind noch wichtiger geworden.

Siegfried Wüst: **„Führung in einer veränderten Geschäftswelt"**
Spitzenleistung mit Augenmaß - Menschen ermöglichen Erfolge.

Führung = Handlungskompetenz:

Führung
- Menschen führen
- Geschäfte führen
- Mich und meine Zeit

Denkweise & Handlungsweise

Denkweise
- Logisch
- Optimistisch
- Respektvoll
- Kunden sind wichtig

Umsetzung

Arbeitsstil
- Respektvoll
- WIN / WIN
- Führen und Fordern
- Konfliktfähig

Bestand sichern
Kunden begeistern
Mitarbeiter motivieren

Ob die Rendite nun kurzfristig 5% ,8% oder 15% beträgt, muss dem Oberziel untergeordnet sein. Dies bedeutet, ob ein Erfolg unter den gestellten Bedingungen, mal so oder mal so ausfällt, ergibt sich durch gutes wirtschaften, nicht durch Mnopoly mit Bereichen und Menschen.

Siegfried Wüst: **„Führung in einer veränderten Geschäftswelt"**
Spitzenleistung mit Augenmaß - Menschen ermöglichen Erfolge.

Menschen optimal einsetzen, also erkennen/kennen.

Eine **Führungskraft** kann auch **als "Ermöglicher" betrachtet** werden, der die Mitarbeiter in der Entfaltung ihrer Persönlichkeit unterstützt. Hierzu müssen auch die Möglichkeiten, die Mittel und die Befugnisse geschaffen werden.

Chancen und Nutzen: Mit den Mitarbeitern arbeiten, nicht gegen sie. Eine gute Entscheidung will erarbeitet sein. Respektvoller und vertrauensvoller Führung folgt eine hohe Leistungsbereitschaft für Aufgaben und Unternehmen. Schlechte BEISPIELE bieten mache Manager oder Politiker.

Was nur praktisch gelernt werden kann (Verständnis wecken und machen): Können und Leistungsbereitschaft der Mitarbeiter werden zur Kernkompetenz der Zukunft.

Nur wer selbst brennt, kann auch andere entzünden. Menschen in einer Behörde sind anders „gestrickt", als Personen in einem Forschungsinstitut oder einer Fabrik. Das kann man leicht verstehen, jedoch hat dies auch einen Einfluss auf die Art der Führung? Natürlich, denn in einem Forschungsinstitut braucht man „Freigeister" mit Selbstdisziplin, in einer Fabrik braucht man klare Strukturen und noch mehr geordnete Abläufe, folglich Sinn für Qualität und Effektivität.

Ein Unternehmen ist ein vernetztes Gebilde somit hat alles seine Konsequenzen. Es herrscht immer das Gesetz von Aktion und Reaktion.

Ehrlichkeit und Respekt sind die geforderten und zu lebenden Tugenden. Sie sind die Voraussetzung für Berechenbarkeit. Die Menschen haben zunehmend besseren Zugang zu Informationen, werden jedoch leider auch von Meinungsmachern, zu denen ich auch bestimmte Medien zähle, manipuliert.

Beispiel :
Wie ein Bank-Manager schon in der beginnenden Wirtschaftskrise 2008 zeigte, setzt ein prahlender **„Leithammel" mit „25 % Rendite"** , einen Maßstab, den Andere ungeprüft und unbewertet als Ansporn nehmen. Zu welchem Eigenkapital diese 25 % gelten, ob zu 25 % Eigenkapital, oder 5 % Eigenkapital, das ist jedoch ein wesentlicher Unterschied, und den hatten zu VIELE nicht bedacht.

Siegfried Wüst: **„Führung in einer veränderten Geschäftswelt"**
Spitzenleistung mit Augenmaß - Menschen ermöglichen Erfolge.

Ein längerfristig orientiertes Unternehmen erzielt auch morgen noch Gewinne!

Erhaltung und Sicherung des Unternehmens und damit der Arbeitsplätze ist sinnvoll. Ein „Aktienhopper" ist daran nicht interessiert, er spekuliert auf Prognosen und Gewinnmaximierungen. Familienunternehmen nutzen diese Quelle der Kapitalzufuhr weniger. Die meisten Menschen sind glücklicherweise in diesen Firmen beschäftigt und bauen auf seriöse, längerfristige Lösungsansätze.

Führen in Zeiten von schnellem Wandel bedeutet:
Potenziale fördern, neuen Ideen aufgeschlossen begegnen und Veränderungen mitgestalten. Gute Führung bedeutet aktive Gestaltung von notwendigen Veränderungsprozessen. Hört sich doch ganz einfach an? Respekt und Kommunikation sind gefordert. Die Führungskraft sollte selbst ein optimaler Teamplayer und nicht nur selbst der beste Sachbearbeiter sein.

Empfehlung :
Finden Sie also Ihren persönlichen, mitarbeiterorientierten Stil, der Ihrer Persönlichkeit entspricht und der Sie authentisch macht. Nur dann sind Sie als Führungskraft überzeugend. Respekt, Ehrlichkeit und Berechenbarkeit sind Tugenden die hierbei gefordert sind. Nicht Tricksen und nicht Manipulieren.

Fit für den Wandel ?
Es gilt sich und **Mitarbeiter** laufend zu verbessern. Durch ständige Weiter-Qualifikation, und langfristig auch über mehr Verantwortung, gilt es Mitarbeiter zu motivieren. So ergibt sich eine andere Einstellung zu sich und zur Arbeit.

Noch etwas zur politischen Situation:
Ist unsere Demokratie schon zu einer „Legitimationsdemokratie" geworden?

Ein Wirtschafts-Professor hat dazu mal eine schöne Metapher entworfen:

Schafe	**Volk**
Hirtenhund, Schäfer	Politiker/Wirtschaftsbosse/Finanzwelt
Besitzer der Schafe	**Eliten** (Finanz- und Wirtschaftsmacht)

Zu wessen Nutzen arbeitet der Schäfer ? - doch der Eigentümer ? - das sind ?

Siegfried Wüst: **„Führung in einer veränderten Geschäftswelt"**
Spitzenleistung mit Augenmaß - Menschen ermöglichen Erfolge.

Lassen Sie uns bitte noch etwas nachdenken was künftig wichtig und gut sein kann?

Störungen und Störgrößen in Unternehmen:

1. interne Störungen (z.B. neue Führung)
2. externe Störungen (z.B. Preissteigerung bei Zukaufkomponenten)
3. Bereichsbezoge Störungen (siehe Bereiche)

Bereich	Störungen
Fertigung	Ausfall von Produktionsanlagen / - teilen Maschinenpark ist veraltet / Produktivität gefährdet Kostendruck vom Markt (Globalisierung)
Marketing / Vertrieb	Rückgang des Umsatzes / Gewinnes Änderung des Kundenverhaltens (SMS nun über App) Werbung greift nicht Falsche Einschätzung des Absatzmarktes
Personal	Führung passt nicht („One man show" / Ego / Art der .....) Fehlzeiten / Krankheiten / Kündigungen steigen Eindruck von Mobbing kommt auf Leistungen sinken / Dienst nach Vorschrift kommt auf

Ein Unternehmen ist ein vernetztes Gebilde. Alles hat seine Konsequenzen. Es herrscht immer das Gesetz von Aktion und Reaktion, sowie Chance und Risiko.

Siegfried Wüst: „Führung in einer veränderten Geschäftswelt"
Spitzenleistung mit Augenmaß - Menschen ermöglichen Erfolge.

Erfolgs-Prinzip Nr. 1: Erfinde nichts, was es bereits gibt.
Die Kunst besteht darin, die **wichtigsten bestehenden Erkenntnisse für das eigene Unternehmen zu finden und in der Praxis konsequent umzusetzen.**
Daher : Recherche, Prüfung, Optimierung - »Abgucken« ausdrücklich erlaubt.

Erfolgs-Prinzip Nr. 2: Lebe Werte und Grundsätze.
Ist ein Graben zwischen Wissen, Wollen und Tun vorhanden ?
Wichtig dabei ist, anzufangen und die Dinge konsequent umzusetzen. Sie selbst entscheiden, in welcher Liga Sie spielen wollen und welche Spieler Sie dafür und wo einsetzen wollen.

Erfolgs-Prinzip Nr. 3: Denke in Engpässen und Chancen.
Denken in Engpässen aus der Kundensicht (Nutzer) führt zu immer neuen Chancen und oft auch zu völlig anderen Lösungen, denn jedes System hat seinen aktuellen Engpass.

Erfolgs-Prinzip Nr. 4: Denke in Zielgruppen - Meinungen vs Fakten.
Jeder Mensch und jedes Unternehmen ist in der Regel erfolgreicher, wenn es sich **spezialisiert.** Wer heute als Unternehmen dauerhaft erfolgreich sein will, der muss sich konsequent **auf seine Zielgruppe und deren Bedürfnisse einstellen.**

Erfolgs-Prinzip Nr. 5: Formuliere klare Ziele - Führe mit klaren Regeln.
Bereits mit der **Zielsetzung** setzen Sie **Prioritäten,** beginnen sich zu konzentrieren, um Ihre Mittel richtig einzuteilen. Es gibt keine Projekte ohne Probleme und Krisen, ohne Widerstand und ohne Rückschritte, also mutig voranschreiten (ab 51% = +). Jeder Verantwortliche sollte sich regelmäßig zusammen mit seinem Führungsteam zurückziehen, um gute Ziele zu formulieren, zu überarbeiten, sowie die entsprechenden Maßnahmen daraus abzuleiten um diese konsequent umzusetzen.

Erfolgs-Prinzip Nr. 6: Finde die besten Mitarbeiter - Führe mit klaren Regeln.
Die richtigen Mitarbeiter sind das Kapital des Unternehmens. Mitarbeiter müssen zur Unternehmenskultur passen und die Werte des Hauses repräsentieren. Was Sie Ihren Kunden versprechen, müssen die Mitarbeiter auch halten. **Bedenken Sie, dass bei jedem Kundenkontakt das Image und das ganze Unternehmen auf dem Prüfstand steht.**

Erfolgs-Prinzip Nr. 7: Denke stets weiter mit / in Verbesserungen und Innovationen / Sie müssen in jeder Situation wissen, ob Sie auf Kurs sind.
Erfolgreiche Unternehmer/Manager müssen **permanent nach Verbesserungen suchen,** neue Methoden, Strategien ausprobieren und weiterentwickeln. Wissen ist der einzige Rohstoff, der sich vermehrt, wenn man ihn teilt.

Siegfried Wüst: **„Führung in einer veränderten Geschäftswelt"**
Spitzenleistung mit Augenmaß - Menschen ermöglichen Erfolge.

Wir leben immer von / durch die Arbeit anderer Menschen. Keiner ist allein erfolgreich.

Viele Menschen fragen mich, wieso ich, der eigentlich so positiv auftritt, dennoch so kritisch gegenüber den aktuellen Führungen ist.

Leider habe ich schon zahlreich Krisen miterlebt, und meine **ständige Überprüfung der Realität zeigt**, aktuell gibt es wieder keine positiven Veränderungen.

Es ist ganz wichtig zu handeln um uns eine **weiterhin positive Lebensmöglichkeit** abzusichern. Es würde mich sehr freuen, wenn ich mit diesem kleinen, kompakten Handbuch dazu beitragen kann.

Fragen:

Ist die Welt eine objektiv erfassbare Größe? Leider nur bedingt (Fakten = Real?).
Sind unsere Gedanken wertfrei? Nein, in der Regel sehr persönlich.
Was ist besser, lange Analysen oder Bauchgefühl? Beides ist wichtig (Aufwand).
Wie definieren Sie für sich den Erfolg? Er ist doch oft sehr persönlich?

Z U K U N F T

Ziele
    Umgang mit Kunden
        Kompetenz
            Umgang mit Mitarbeitern
                Nachhaltigkeit
                    Führen
                        Trainieren

In den kommenden Jahren werden sich nach meiner Überzeugung die Spielregeln in Wirtschaft und Politik verändern. Bisher schaffen es oft über 50 % **Blender** nach oben und **verursachen dramatische Schäden**. Prüfen Sie doch mal selbst?

Siegfried Wüst: **„Führung in einer veränderten Geschäftswelt"**
Spitzenleistung mit Augenmaß - Menschen ermöglichen Erfolge.

Spitzenleistungen haben oft gleiche Hintergründe:

Kompetenz/Erfolg eines Unternehmens werden von der Qualität der Führungskräfte und Mitarbeiter beeinflusst. Wer die erste Geige spielen will, der sollte auch den richtigen Ton treffen, oder? Es gilt sehr gute Mitarbeiter und ausgezeichnete Führungskräfte zu wählen und zu haben. Druck, Machtumsetzung und übertriebene Kontrolle - sind das nicht Zeichen für schwache Führungskräfte? Die Führungskraft ist eine zentrale Persönlichkeit. Führen, Fordern und Fördern im Einklang?

So viel Führung wie nötig, so wenig Kontrolle wie möglich (Führung nach Zielen und Lösungen)

- Kampf gegen **Bürokratie** – vereinfachen und nachvollziehbar machen – über Verständnis
- Schuster bleib bei deinen Leisten (machen was man kann, und sich weiterentwickeln).
- **Kunden** sind das Kapital – Ziel aller Bemühungen. / Authentisch sein / Respektvoll sein
- **Qualitätsanforderungen** spornen zur Produktivitätssteigerung an.
- Mitarbeiter sind das Eigenkapital und zu 2/3 für Erfolge mit zuständig (Leistung, Qualität usw.).
- Qualität, Service und Nutzen sind kein Widerspruch - wesentliche **Kundenkriterien** und ständig zu hinterfragen.
- **Klare, einfache und gut nachvollziehbare Lösungen** sind der beste Weg. Talente fördern und fordern.

Siegfried Wüst: **„Führung in einer veränderten Geschäftswelt"**
Spitzenleistung mit Augenmaß - Menschen ermöglichen Erfolge.

Grenzenloses Wachstum ist nicht möglich. Wir haben **eine Erde** mit begrenzten Möglichkeiten. Wenn alle Menschen weltweit gleich leben und wirtschaften würden wie in Deutschland, dann bräuchte die Weltbevölkerung drei Erden. Ständig **neue Mobiltelefone** oder **Tablets** zu kaufen, ist das wichtig? **SUV`s** fahren notwendig?

In der Volkswirtschaftslehre werden als **Ressourcen** typischerweise Arbeit, Boden (Umwelt) und Kapital als Produktionsfaktoren betrachtet. Je nach Analyseziel gibt es auch auch **andere Produktivkräfte**, zum Beispiel Rohstoffe oder gesellschaftliche Faktoren, wie Ausbildung oder Forschung.

Arten von Ressourcen sind:

1. Finanzen (Cashflow - https://de.wikipedia.org/wiki/Cashflow, Kreditwürdigkeit)
2. Humane Ressourcen (Facharbeiter, Ingenieure, Führungskräfte etc.)
3. Organisatorische Ressourcen (Informationssysteme etc.)
4. Physische Ressourcen (Gebäude/Immobilien, Anlagen, etc.) und
5. Technologische Ressourcen (Markennamen, Wisssen etc.).

Firmencheck – (sehen Sie auch die Seiten 40 - 52)
Erfolgreiche Unternehmen haben gute

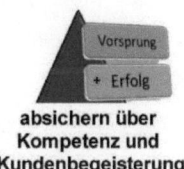

absichern über
Kompetenz und
Kundenbegeisterung

- **Entwicklung** und **Qualität** – hier werden bis 70% der Kosten vorbestimmt.
- **Produktion** – Ablauf, Prozesse, Organisation und vor allem Disposition.
- **Vertrieb** – Kundenbetreuung, Kundengewinnung, Marke sein und Preise.
- **Einkauf** – gute Auswahl der Lieferanten, gute Disposition.
- **Controlling** – reale und wichtige Kennzahlen erstellen, gute Kostenkontrolle.
- **Buchhaltung** – gute Zahlungsverfolgung, gute Liquiditätskontrolle.
- **Personal** – Qualifizierung, Auswahl, Umgang, Weiterentwicklung.

Ein interessanter Spruch :
„Nur Persönlichkeiten bewegen die Welt, niemals Prinzipien." Was meinen Sie?

Siegfried Wüst: „Führung in einer veränderten Geschäftswelt"
Spitzenleistung mit Augenmaß - Menschen ermöglichen Erfolge.

Ich werde oft auch auf das Thema „Agilität im Unternehmen" angesprochen. Oft werde ich gefragt, was denn der Kern des Konzepts des agilen Unternehmens sei. Der Kern des Konzepts des agilen Unternehmens besteht in der **Verlagerung und Verteilung der Verantwortung weg vom Management hinein in Arbeitsteams**.

Es ist keine gute Idee, die Transformation in agiles Unternehmen ähnlich einem Projekt einfach zu planen und durchzuziehen. Zu fundamental sind die Veränderungen und vor allem auch die geforderte Qualifikation der Mitarbeiter.

Die **agile Unternehmenskultur** ist geprägt von Transparenz, Vertrauen, Dialog und kurzfristigem Feedback. Fehler werden konstruktiv angesprochen, um daraus zu lernen. **Design-Tthinking** ist ein Ansatz, um besonders nutzer- bzw. kundenfreundliche Lösungen zu finden, etwa indem man sich bei jeder neuen Produktentwicklung einen idealtypischen Nutzer vorstellt und Ideen für Produktinnovationen so früh wie möglich am Markt auf Akzeptanz testet.

Dazu gehört zunächst **ein neues Rollenverständnis**. Manager müssen weg von der Chef-Haltung „Alles hört auf mein Kommando" hin zur Trainer/Coach-Mentalität.

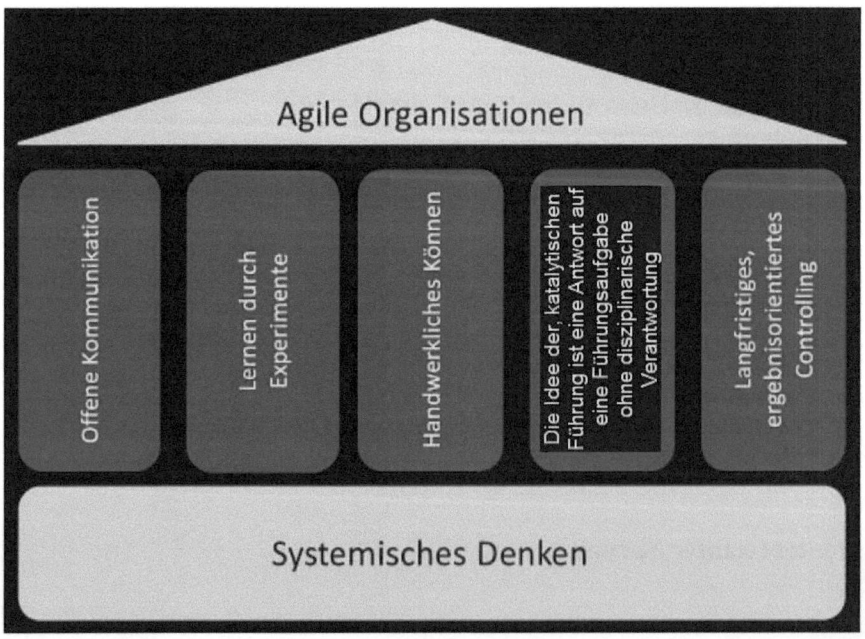

Siegfried Wüst: „Führung in einer veränderten Geschäftswelt"
Spitzenleistung mit Augenmaß - Menschen ermöglichen Erfolge.

Wenn Sie die Stärken und Schwächen Ihres Unternehmens kennen, können Sie diese gezielt im Wettbewerb einsetzen. Sie vergleichen dabei Ihre Leistungen mit denen Ihrer Wettbewerber. **Ihre Stärke sind die Leistungen, die ein Konkurrent nur schwer einholen kann.** Eine Schwäche zeigt eine Leistung der Konkurrenz auf, die Sie nur schwer einholen können.

Stärken Sie Ihre Stärken, arbeiten Sie diese deutlich heraus, vermitteln Sie diese Ihren Kunden in besonderer Weise, setzen Sie diese im Wettbewerb ein.

Schwächen müssen ständig im **Vergleich zu Konkurrenten** beobachtet werden. Sie dürfen nicht so bedeutsam werden, dass die Existenz gefährdet wird.

Wo Ihre Stärken auf Chancen treffen, sollten Sie Ihre Leistungen bzw. Ihr Angebot ausbauen.

Wo Sie mit Ihren **Schwächen auf Chancen stoßen**, sollten Sie aufholen, wenn dies machbar ist. Entwickeln Sie einen **Aktionsplan**, wie Sie mit Ihren Möglichkeiten die Schwächen beseitigen, um die konkreten Chancen zu nutzen.

Wo Ihre **Stärken auf Risiken treffen**, sollten Sie Ihre Stärken absichern. Prüfen Sie, wie Sie einen Schutz vor Risiken aufbauen können.

Wo Ihre **Schwächen auf Risiken** treffen, sollten Sie sich aus diesem Bereich zurückziehen. Prüfen Sie, durch welche Maßnahmen Sie ohne größere Verluste aus diesem Geschäftsbereich aussteigen können.

Siegfried Wüst: **"Führung in einer veränderten Geschäftswelt"**
Spitzenleistung mit Augenmaß - Menschen ermöglichen Erfolge.

Schauen wir uns einmal einige Übergänge an:

Beruf der Rechtsanwälte / - in	von 10.000 Erwerbstätigen in Deutschland
1961	7
1980	10
1996	21
2016	**38**

Was sagt das aus? Wieso ist der Bedarf gestiegen? Ist das sinnvoll?

Bäcker / - in	von 10.000 Erwerbstätigen in Deutschland
1963	81
1977	82
1996	83
2016	**63**

Wollen wir in Zukunft nur noch Fabrikwaren?

Bauarbeiter / - in	von 10.000 Erwerbstätigen in Deutschland
1963	603
1976	363
1996	237
2015	**195**

Wo haben wir heute unsere Probleme? Genau hier. Wieso hat man nicht gehandelt?

Landwirte / - in	von 10.000 Erwerbstätigen in Deutschland
1964	1301
1976	822
1995	371
2016	**215**

Aus kleineren Betrieben wurden Großbetriebe oder man gab auf.

Siegfried Wüst: **„Führung in einer veränderten Geschäftswelt"**
Spitzenleistung mit Augenmaß - Menschen ermöglichen Erfolge.

2018 haben über 80 % der dt. Bevölkerung bereits ein Smartphone.

Über 60 % kaufen schon online ein.

Bereits 4 von 10 Beschäftigten arbeiten auch mal von zu Hause.

Zukunftsperspektiven

Etwa über 60 % der künftigen Berufe gibt es noch nicht.

Gesucht werden bis 2020 etwa 4 Mio. IT-Experten.

2015 waren bereits etwa 20 Mrd. Geräte und Maschinen über das Internet vernetzt.
2030 schätzt man 500 Mrd. Geräte.

Lassen Sie uns noch einmal einen Blick zurück wagen:

Im Mittelalter hatten wir nur die **Landwirtschaft** und das einfache **Handwerk** (Schreiner, Bäcker usw.).

Der Bauernaufstand (um 1500) beendete die **Ausbeutung** durch Kirche und Adel.

Die **Dampfmaschine** (um1800) ermöglichte den Beginn der **Automatisierung** und mit der Bahn kam auch eine neue Beweglichkeit und **Automatisierung in der Textiltechnik.**

Das **Auto** (um 1900) erhöhte die individuelle, schnellere Beweglichkeit.

Die darauf folgende **Automatisierung** (Taylor / Ford) ermöglichte eine **Autofertigung von 12 Std. auf 90 Minuten zu verringern.**

Der **Transistor**, die nachfolgende Komprimierung in einem Chip, und dann im Mikroprozessor, ermöglichten neue Technologien:

FAX, PC, Internet, Laptop, Mobiltelefon, Speicherung von Daten auf kleinem Raum. Navigationssysteme, Ortungssysteme, Weltraumtechniken, selbst fahrende Fahrzeuge, **selbst handelnde Maschinen und Kampfwerkzeuge.** Und nun …?

Siegfried Wüst: **„Führung in einer veränderten Geschäftswelt"**
Spitzenleistung mit Augenmaß - Menschen ermöglichen Erfolge.

Nun erleben wir eine erneute Zeitenwende, die IT-Technik mit allen Vor- und Nachteilen.

Informationen sind universeller zugänglich und müssen genauer geprüft werden. Woher? Realistisch? Wahr?

Durch die Vernetzungen und Globalisierung gibt es

a) keine Hausmärkte mehr und
b) es ist eine große Gefahrenquelle entstanden (Hacker).

Der **Klimawandel** zeigt uns nun die Sünden der Vergangenheit (Auto, Kohle usw.) und fordert zum Umdenken auf.

Menschen und **Kulturen** vermischen sich und erfordern Toleranz und neue Regeln des Miteinander.

Arm und Reich haben sich sehr auseinander entwickelt – Gefahr wir im Mitteltaler?

Fragwürdige, **autoritär Handelnde in Wirtschaft und Politik** breiten sich wieder aus, und finden erstaunlicherweise immer wieder Anhänger.

Arbeit und die Lastenverteilung der Arbeit haben sich seit den Bauernaufständen (1500) ständig verändert.

Zwischen 800 (Karl dem Großen) und 1800 (Napoleon) hat sich die Wirtschaftsleistung aus Landwirtschaft und Handwerk etwa verdoppelt.

Zwischen 1800 und 1900 hat sich die Wirtschaftsleistung erneut verdoppelt. Es begann die Automatisierung (siehe davor) und es steigerte sich die Mobilität.

Zwischen 1950 und 1975, also in 25 Jahren hat sich dann die Wirtschaftsleistung verfünffacht. Es begann mit dem Transistor und den folgenden Möglichkeiten.

Die Automatisierung ist nun rasant fortgeschritten und wir haben Systeme wie Google, Daten-Cloud und Navi.

Durch die modernen Kommunikationssysteme ist die Welt zusammengewachsen. Jeder kann von jedem Ort auch andere Lebensweisen ansehen (Landflucht?).

Siegfried Wüst: **„Führung in einer veränderten Geschäftswelt"**
Spitzenleistung mit Augenmaß - Menschen ermöglichen Erfolge.

Eine fragwürdige Entwicklung ist die Fertigungsverlagerung und Nutzung von Billig-Lohn-Ländern. Wenn diese dann aufholen werden neue genutzt?

1. 2/3 der Weltproduktion findet aktuell im asiatischen Raum statt.
2. Der nächste rasch wachsende Kontinent ist Afrika.
3. Wenn dann alle in einem vergleichbare Wohlstand leben wollen brauchen wir die Ressourcen von 4 – 7 Erden und dann ...?

Es muss sich also wieder viel verändern.
Ich hoffe auf friedlichem Wege.

Wir brauchen Lösungen für die

- **Ernährung, den**
- **Wasserbedarf, den**
- **Energiebedarf und die**
- **Mobilität.**

Durch / über das World Wide Web (www) sind die Kommunikations- und Einkaufswege weiter verkürzt und somit beschleunigt worden.

Hier ist nun noch viel zu klären in Fragen, wie:

- **Regeln der Handelnden,**
- **Datensicherheit und Schutz,**
- **Rechtssicherheit und**
- **Wettbewerb.**

Siegfried Wüst: **„Führung in einer veränderten Geschäftswelt"**
Spitzenleistung mit Augenmaß - Menschen ermöglichen Erfolge.

Gehen wir in der „Wirtschaft" gedanklich einmal etwas zurück. Wir haben in einer Volkswirtschaft, das bedeutet:

Verbrauchsgüter	(z.B. Bier)
Gebrauchsgüter	(z.B. die Bierflasche)
Dienstleistungen	(z.B. den Kellner, der uns Bier bringt)

Konsumgüter	(Nahrungsmittel, ich kann/darf in Bayern Bier sagen)
Investitionsgüter	(Anlage um Bier herzustellen)
Produktionsfaktoren	(Arbeit, Kapital und Boden)

Immer sind Menschen beteiligt – daher sind Menschen „systemrelevant".

Menschen sind KUNDEN und
Menschen sind die Handelnden.

Erfolg braucht also Menschen.

Was nützt der ganze Reichtum ohne die anderen Menschen?

Märkte verändern sich rasant, auch durch falsche Konzepte. Beispiele:

Nach dem Krieg 1945 sind viele Firmen im Zuge des Wiederaufbaues groß geworden:

Neckermann, Quelle, Thyssen, Siemens, AEG uam.

Neckermann und Quelle gibt es nur noch als Marke, die AEG mit ehemals 127.000 Mitarbeitern ist gescheitert, wieso? (https://de.wikipedia.org/wiki/AEG)

1. Zeichen der Zeit verkannt?
2. Schlechtes Management?
3. Führungsfehler?

Siegfried Wüst: **„Führung in einer veränderten Geschäftswelt"**
Spitzenleistung mit Augenmaß - Menschen ermöglichen Erfolge.

Folgerung – wichtige Erkenntnisse:

- man braucht Menschen,
- Produktivität ist wichtig,
- ein gutes Preis- Leistungsverhältnis und
- Kundenbedürfnisse sind das Ziel.

Denkfehler in komplexen Systemen sind:

- Jedes Problem ist die direkte Konsequenz einer einzigen Sache.
- Verhalten ist vorhersehbar.
- Ein Macher kann jede Problemlösung auch in der Praxis umsetzen.
- Mit der Erfüllung einer Lösung kann das Problem ad Acta gelegt werden.

Meine wesentliche Empfehlung ist:

- Wer gut kommuniziert, der kann auch führen.
- Zuhören.
- Hinsehen.
- Realitäten prüfen und
- Fragen, fragen, fragen.

Die eigene Art zu DENKEN ist ganz wesentlich, denn Gedanken werden zu Handlungen. Unser Kopf sieht, formt und interpretiert.

- Bilder,
- Meinungen und
- Ängste.

Siegfried Wüst: **„Führung in einer veränderten Geschäftswelt"**
Spitzenleistung mit Augenmaß - Menschen ermöglichen Erfolge.

Hier möchte ich Ihnen einmal den Weg Englands im 18/19ten Jahrhundert zur Weltmacht aufzeigen:

Die **Schifffahrt** ermöglichte weitere Reisen und nun Kolonien zu haben (Kriege). Es entstand ein Reich in dem die Sonne nicht unterging. Das Vorderladegewehr ermöglichte eine Reichweite bis 1000m (neue Überlegenheit).

Fleisch konnte länger haltbar gemacht werden (Trocknung, Räuchern).
Der **Handel**, auch mit fremden Gütern (Kolonien) florierte.

Die Bürger wurden jedoch nicht angemessen eingebunden. Es entstanden Slums und Krankheiten. Als dann erste öffentliche Toiletten entstanden, verbesserten diese die Hygiene und somit den Krankenstand.

London, als größte Stadt, wächst um 1850 von 1 Mio. auf **6,5 Mio. Einwohner**.

Wasserprobleme führten nun zu Cholera und viele Menschen starben. Darauf entstand Abwasser-Kanalsystem und somit klare Trennung von Frisch- und Abwasser.

Nun kriminalisierte sich die verarmte Schicht mehr und mehr. Taschendiebe waren bereits die Kinder. **Soziale Reformen entstanden** und die Verarmung und Kriminalisierung ging zurück.

Um 1900 gab es in England 22.000 Wohlfahrtsverbände. Es entstanden Schulen und Büchereien. Bäder und eine gewisse Freizeitgestaltung kam hinzu.

1878 wurde das elektr. Licht in den Fabriken eingeführt und die Produktivität erhöht.

Zwei Weltkriege stürzten das Imperium England.

Wenn man sich das mal vor Augen hält, so erkennt man sicher, dass man sehr achtsam sein sollte, oder?

Verbesserungspotential geht in der Regel in 3 Richtungen:

1. Was muss künftig anders sein?
2. Was fehlt?
3. Was kann entfallen – einfacher werden?

Siegfried Wüst: **„Führung in einer veränderten Geschäftswelt"**
Spitzenleistung mit Augenmaß - Menschen ermöglichen Erfolge.

"Die Unsicherheit unserer Wirtschaft, der technologische Wandel, der momentan stattfindet, und die Ungewissheit darüber, wie Arbeit in der Zukunft aussehen wird ... all diese Punkte deuten darauf hin, dass wir uns alle Möglichkeiten offenhalten müssen", so Wynne gegenüber der HuffPost.

Märkte sind für Menschen - Menschen arbeiten/handeln - sind die Kunden.

Ich habe den Wandel in der Arbeits- (PC und Automatisierung) und Finanzwelt miterlebt.

Während des Berufslebens habe ich erkannt: Lösungen die sich an Menschen orientieren, sind die Besten.

Treffen sich ein Maurer, ein Schreiner und ein Elektriker. Sie streiten sich darüber, wessen Beruf älter ist.

Sagt der Maurer: "Wir haben damals beim Bau des Turms von Babel mitgeholfen."

Meint der Schreiner: "Und wir halfen beim Bau der Arche Noah.

Sagt der Elektriker: "Mein Beruf bleibt aber trotzdem unübertroffen, denn als Gott sagte es werde Licht, waren die Leitungen schon alle verlegt."

Siegfried Wüst: **„Führung in einer veränderten Geschäftswelt"**
Spitzenleistung mit Augenmaß - Menschen ermöglichen Erfolge.

Analyse im Bereich Organisation / Führung

Fragestellung

Antworten bitte einkreisen

Fragestellung	A	B	C	Anmerkungen
Prozent Ihrer Arbeitszeit für Routinetätigkeiten	ab 80 %	ca. 50 %	unter 30%	
Wie lange können Sie weg sein, ohne Schwächung der Abläufe	max. 1 Wo	max. 1 Monat	mehr	
Ist Ihre Nachfolge schon angedacht	nein	ungefähr	ja, schriftlich	
Wie können Unternehmerische Entscheidungen getroffen werden	langatmig	schwierig	auch schnell	
Sind die Vertretungen der Führungskräfte alle festgelegt	nein	Organigramm	in Stellenbeschreibung	
Wie sehen Sie das derzeitige Qualifikationsniveau des Personales	mäßig	üblich	gut	
Haben Sie ein Konzept der Fort- und Weiterbildung	nein	bei Bedarf	planmäßig	
Wann haben Sie Ihre Marktstellung zuletzt überprüft	noch nie	vor 2 Jahren	letztes Jahr	

Siegfried Wüst: **„Führung in einer veränderten Geschäftswelt"**
Spitzenleistung mit Augenmaß - Menschen ermöglichen Erfolge.

So geht es NICHT,
denn es folgt Demotivation:

Viele/große ZIELE – Überforderung?
Prioritäten oft wechseln – Verunsicherung?
Aufgaben wegnehmen – Verunsicherung?
Wege vorschreiben – vermeidet Selbstständigkeit?
Aufwand erhöhen – Chaos / Erfolgsschwächung?
Unklar delegieren – schafft Chaos?
Schlechte Kommunikation – Misstrauen?
Konflikte schwelen – Unruhe/Kosten?

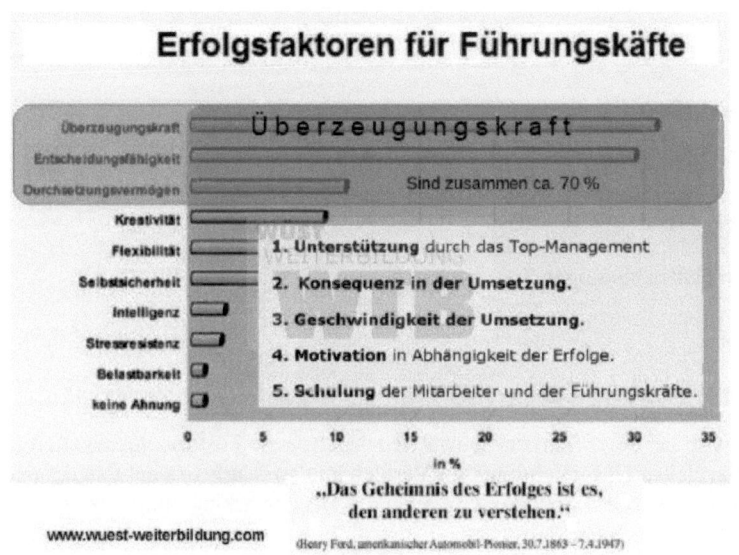

www.wuest-weiterbildung.com

Siegfried Wüst: **„Führung in einer veränderten Geschäftswelt"**
Spitzenleistung mit Augenmaß - Menschen ermöglichen Erfolge.

Allgemeine Unternehmenscharakteristika

Umsatz
Erfolg (Rentabilität; Umsatzrendite; Gewinn;...)
Marktanteile
Cash Flow (Einnahmen-Ausgaben-Überschuss)
Personalbestand
Standorte
Rechtsform

Angebotspotential (Produkte und Dienstleistungen)

Produktqualität (Lebensdauer; Haltbarkeit;..) > **Produktvergleiche !**
Produktleistungsfähigkeit (Performance) > **Produktvergleiche !**
Produktdesign > **Produktvergleiche !**
Produktprogramm (Angebotsbreite und -tiefe);
Alter des Produktprogramms (Lebenszyklusphasen der Produkte);
Anteil Handelsware/Eigenfertigung.

Preise und Konditionen

Preisdurchsetzungspotential;
Preispolitik (Hochpreis, Billiger Jakob usw.);
Rabattsystem; Sonderkonditionen;
Liefer- und Zahlungsbedingungen;
Umfang von Nebenleistungen.

Stärken-Schwächen-Analyse / (Ermittlung der Geschäftsfeldstärke)

Untersucht wird bei einer Stärken-Schwächen-Analyse die Position des **eigenen Geschäftsbereiches/Unternehmens** im Vergleich (also relativ) zu dem/zu den stärksten Wettbewerber(n). Hierzu wird auch das Benchmarking eingesetzt, dies setzt voraus der Wettbewerb macht mit.

Siegfried Wüst: **„Führung in einer veränderten Geschäftswelt"**
Spitzenleistung mit Augenmaß - Menschen ermöglichen Erfolge.

Produktion/Fertigung/Produktionslogistik

Fertigungsart (Einzel-, Serien-, Massenfertigung);
Fertigungstechnologie/technik;
Flexibilität;
Fertigungskapazitäten;
Auslastungsgrad;
Produktivität;
Fertigungstiefe;
Standorte.

F&E-Potential

Höhe der F&E-Investitionen;
F&E Know how (Wissen);
Technische Ausstattung;
Patente und Lizenzen;
Zugang zu externen F&E-Quellen/Kooperation;
Anzahl der Neuprodukteinführungen.

Beschaffung / Einkauf

Zugang zu Rohstoffen, Halb- und Fertigfabrikaten;
Leistungsfähigkeit der Lieferanten;
Bezugspreise;
Lieferzeit (just in time, ...);
Qualität;
Zuverlässigkcit;
Zahl der Lieferanten / Ersatzlieferanten / Versorgungssicherheit;
Integration mit den Funktionen Produktion und Absatz;
Dispositions- und Bestellsysteme (EDV);
Lagerhaltungssystem.

Siegfried Wüst: **„Führung in einer veränderten Geschäftswelt"**
Spitzenleistung mit Augenmaß - Menschen ermöglichen Erfolge.

Finanzen

Eigenkapital;
Fremdkapital;
Kosten des Fremdkapitals;
Zugang zu weiterem Kapital;
Liquidität;
Finanzielle Reserven an sich.

Personal

Qualifikation;
Erfahrung;
Motivation (Betriebsklima; Einsatzfreude...);
Entlohnungssystem;
Sozialleistungen;
Altersstruktur;
Fluktuation;
Führungskräfte.

Kostenposition/-struktur

Rohstoffe/Vorprodukte;
Energie;
Abschreibung von Gebäuden und Ausrüstung;
Kapitalkosten;
Steuern/Abgaben;
Löhne und Gehälter;
System der Kosten- und Leistungsrechnung;
Controllingsystem und essen Nutzung.

Informationsmanagement

Stand der Bürokommunikation;
Stand der Fertigungssteuerung;
Grad der Verknüpfung innerbetrieblicher Information;
Marktforschung;
Leistungsfähigkeit von Rechnungswesen und Controlling.

Siegfried Wüst: **„Führung in einer veränderten Geschäftswelt"**
Spitzenleistung mit Augenmaß - Menschen ermöglichen Erfolge.

Management und Organisation

Organisationsstruktur (Organigramme, ...);
Führungsstil;
Instrumente der Planung;
Kontroll- und Steuerungsinstrumente.

Marktstrukturen

Eintrittsbarrieren (in den Markt kommen können);
Struktur und Stärke der Abnehmer;
Struktur und Stärke des Wettbewerbs.

Marktpotential /-volumen

Zahl der potentiellen Abnehmer (Kunden);
Marktwachstum;
Marktsättigung;
Investitionsverhalten/Konsumverhalten;
Verfügbare Investitionsmittel/verfügbares Einkommen;
Demographische Entwicklung.

Wettbewerb/Konkurrenz

Zahl der Wettbewerber;
Struktur der Wettbewerber (Größe, Verzweigung usw.);
Marktanteile der Wettbewerber;
Strategien/Aktivitäten der Wettbewerber;
Stabilität der Wettbewerbsstruktur;
Branchenregeln,

Technologische / Technische Entwicklung

Neue Produkttechnologien/-Techniken;
Neue Fertigungstechnologien/-Techniken;
Neue Werkstoffe;
Substitutionstechnogien/-Produkte;
Komplementärtechnologien/-Produkte.

Siegfried Wüst: **"Führung in einer veränderten Geschäftswelt"**
Spitzenleistung mit Augenmaß - Menschen ermöglichen Erfolge.

Umfeld- und allgemeine Rahmenbedingungen
Gesetzliche / staatliche Rahmenbedingungen

Steuerrecht / Umweltrecht / Wettbewerbsrecht / Subventionen / Förderpolitik;
Vergabepraxis (auch bei öffentlichen Aufträgen);
Sozialgesetzgebung, Arbeitsrecht;
Import- / Exportbeschränkungen; Handelsbeschränkungen;
Technische Vorschriften / Normen;
Wirtschaftspolitik, Politische Stabilität.

Sonstige (ökonomische) Rahmen- und Umweltbedingungen

Wirtschaftslage;
Inflation;
Stabilität der Währung;
Zahlungsbilanz;
Beschäftigungslage / Arbeitsmarkt;
Verfügbarkeiten von Rohstoffen und Energie; Transportwege;
Klima und Umweltbedingungen.

Ökologische Rahmenbedingungen

Luftreinhaltung, Wasserreinhaltung, Boden;
Abfallentsorgung und Vermeidung;
Rationelle und Art der Energienutzung;
Rationelle Nutzung von Rohstoffen.

Siegfried Wüst: **„Führung in einer veränderten Geschäftswelt"**
Spitzenleistung mit Augenmaß - Menschen ermöglichen Erfolge.

Meine generellen Empfehlungen für Sie:

Führungskräfte-Toolbox Teil I - Kunden sind das Kapital & Mitarbeiter das Eigenkapital.
Toolbox Teil II - Die Geschäftspartnerschaft. Spitzenleistung mit Augenmaß und Nachhaltigkeit.
Toolbox Teil III - Wertschöpfung über Wertschätzung -
Erfolg hat man nur gemeinsam - Menschen arbeiten und sind Kunden *(https://www.grin.com/user/1862381)*.

Trainieren Sie Ihre Denkweise?

Fixierbild; Was sehen Sie?

Dieses Fixierbild, bietet zwei Lösungen (Kelch / weiß und zwei Menschen / schwarz). **Sie sehen entweder nur Kelch oder nur Gesichter,** unmöglich beides gleichzeitig. Das Bild enthält jedoch in seiner Ganzheit sowohl Kelch – als auch Gesichter.

Sie müssen geistig umschalten. Unsere Blickweise ist also eine Einbahnstraße. **Hier sollten wir uns zuerst befreien.** Nicht in Problemen sondern in Lösungen denken.

Ich behaupte, dass in Zukunft die Organisationen, die sich zum Ziel machen, ihren **Mitarbeitern** (und natürlich vor allem **Kunden**, Lieferanten etc.) die **optimalsten** Bedingungen zur **Selbstverwirklichung** zur Verfügung zu stellen, abheben werden wie Raketen.

Zeigen Sie Mut, wenn es ums Durchsetzen geht?
Ab 51 % beginnt der Erfolg.

Fühlen Sie sich auch in schwierigen Situationen sicher?
Schaffen Sie es, auch bei Pleiten, Pech und Pannen locker zu bleiben?
Können Sie über sich selbst lachen?
Denken Sie positiv und vertrauen auf Ihre inneren Ressourcen?
Haben Sie eine selbstsichere Körpersprache?
Sorgen Sie regelmäßig dafür, dass Sie Entspannung haben?
Machen Sie Sport, um Ihre körperliche Durchsetzungskraft zu stärken?
Finden Sie so auch in beruflich oder privat anspruchsvollen Situationen noch genügend innere Ruhe?

Siegfried Wüst: **„Führung in einer veränderten Geschäftswelt"**
Spitzenleistung mit Augenmaß - Menschen ermöglichen Erfolge.

Unternehmensstrategie entwickeln

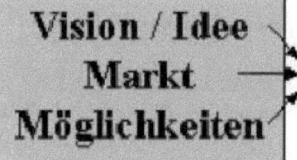

Methoden:
Mind Mapping, Brainstorming,
BSC und SWOT-Analyse

Lösungen finden
Lösungen planen
Ausführung planen

Methoden:
Mind Mapping, Brainstorming,
BSC und SWOT-Analyse,
Nutzwertanalsye

Bewertung von Lösungen
Bewertung von Ergebnissen
Kontolle von Lösungen
Kontrole von Ergebnissen

Co S. Wüst 2018

Methoden:
BSC und SWOT-Analyse,
Nutzwertanalsye

Siegfried Wüst: „Führung in einer veränderten Geschäftswelt"
Spitzenleistung mit Augenmaß - Menschen ermöglichen Erfolge.

Die zentrale Aufgabe der BWL besteht darin, die Unternehmen zielgerichtet zu strukturieren und ihre Prozesse bestmöglich zu gestalten um Nutzen zu erzielen.
Wesentlicher Punkt ist nach meiner Überzeugung:
Menschen sind die Handelnden und auch die Kunden.

Unternehmen sind Organe in denen Güter bzw. Dienstleistungen beschafft, verwertet, verwaltet und abgesetzt werden.

Der kaufmännische Einzelunternehmer hat alle Rechte eines Eigentümers:

Er schließt die Geschäfte des Unternehmens ab, kann hierfür aber Vertreter bestellen (Prokuristen, Handelsbevollmächtigte).

Ihm steht allein der erwirtschaftete Gewinn zu.
Er kann über Privatentnahmen allein entscheiden.
Ihm allein steht ein sich ergebender Liquidationserlös zu.

Maximal - Prinzip Mit gegebenem Aufwand soll ein bestmöglicher Ertrag erzielt werden.

Minimal - Prinzip Mit geringstmöglichem Aufwand soll ein bestimmter Ertrag bewirkt werden.

Bereiche
Material, Produktion, Absatz, Finanzen

Umsetzungen
Organisation, Führung, Personal, Rechnungen, Zahlungen, Kommunikation

Führungsansätze :

Personen bezogenen
Position bezogen
Kommunikation
Situation bezogen
Willens-Bildung
Willens-Durchsetzung

Führung von Personal

Wechselwirkungen und Umsetzungen
intern / extern / aktuell
planen / suchen / auswählen
realisieren / kontrollieren / optimieren

Teilnehmer am Unternehmensgeschehen :

Kapitalgeber	**Eigentümer, Aktionäre, Gesellschafter**
Top Manager	Vorstände, Geschäftsführer
Vorgesetzte	Bereichsleiter, Abteilungsleiter, Gruppenleiter
Mitarbeiter	Weisungsgebunden Unterstellt
Betriebsräte	Vertretungsorgane der Arbeitnehmer
Kunden	**Sind das ZIEL der Aktivitäten nach Außen**
Lieferanten	Liefern Waren oder sonst. Leistungen
Konkurrenten	Wettbewerber um die Kunden
Kreditinstitute oder andere Gläubiger	Banken, Behörden (Finanzamt)
Schuldner	Kunden, Leistungsempfänger

Siegfried Wüst: „Führung in einer veränderten Geschäftswelt"
Spitzenleistung mit Augenmaß - Menschen ermöglichen Erfolge.

Im **Modell der Freien Marktwirtschaft** wird allein durch den Markt bestimmt, was produziert und konsumiert wird, in welcher Menge und zu welchem Preis. Eine freie Marktwirtschaft besteht nach George Nikolaus Halm dann, wenn:

1. Die **Produktionsfaktoren** (Arbeit, Boden (Umwelt), Kapital) in privater Hand liegen und die Produktion auf Initiative privater Unternehmen erfolgt (also **Privateigentum** an den Produktionsmitteln und freier **Wettbewerb**).
2. Einkommen nur durch Dienstleistungen (Arbeit) und die Gewinne privater Unternehmen erwirtschaftet wird;
3. keine **Planwirtschaft** besteht,
4. keine staatliche Kontrolle oder **Marktregulierung** besteht,
5. die Marktteilnehmer Wahlfreiheit hinsichtlich Konsum, Berufstätigkeit, Sparen und Investieren haben (also freie Preisbildung, Gewerbefreiheit und Konsumfreiheit).

Die **Planwirtschaft** baut sich hierarchisch auf. Das heißt, dass sich die einzelnen Pläne von Wirtschaftssubjekten (Betriebe, Haushalte) dem **Gesamtplan** (politisch beschlossene Gesetze) unterordnen müssen. Dem Gesamtplan zugeordnet ist die Zuteilung der Produkte an die Wirtschaftsteilnehmer, als auch sämtliche Abstimmungen. **In den sozialistischen Ländern hat die Praxis gezeigt, dass es die Planwirtschaft nicht geschafft hat, die Leistungen zwischen Planung und Realisierung zu erfüllen.** Volkswirtschaften konnten sich nicht weiterentwickeln, da es keine Sicherung von Erfindungen und Innovationen gab (Gegenteil: die **Marktwirtschaft**). Dennoch gab es in den ehemaligen sozialistischen Ländern fortwährend Privatbetriebe - im Handwerk, in der Gastronomie wie im Einzelhandel.

Soziale Marktwirtschaft : Die Idee des von Alfred Müller-Armack und Ludwig Erhard entworfenen Leitbilds der Sozialen Marktwirtschaft ist, die Vorteile einer freien Marktwirtschaft, insbesondere **die wirtschaftliche Leistungsfähigkeit und die hohe Güterversorgung zu realisieren**, gleichzeitig aber Nachteile wie zerstörerischer Wettbewerb, Ballung wirtschaftlicher Macht und unsoziale Auswirkungen von Marktprozessen zu vermeiden.

Ziel der Sozialen Marktwirtschaft ist größtmöglicher Wohlstand bei bestmöglicher sozialer Absicherung. Der Staat verhält sich anders als in der freien Marktwirtschaft nicht passiv, sondern greift aktiv in das Wirtschaftsgeschehen ein, z.B. durch **konjunkturpolitische, wettbewerbspolitische und sozialpolitische Maßnahmen**.

Siegfried Wüst: **„Führung in einer veränderten Geschäftswelt"**
Spitzenleistung mit Augenmaß - Menschen ermöglichen Erfolge.

Noch etwas zum NACHDENKEN:

Wenn Sie an sich oder Ihre Mitarbeiter den Anspruch stellen, perfekt zu sein dann haben Sie bereits einen großen Fehler gemacht: **Perfektionismus** kostet Sie eine Menge Zeit und Energie. Denn 80 % Ihrer Ergebnisse erreichen Sie in der Regel in 20 % (Pareto und Eisenhower System ist vorteilhaft) der aufgewendeten Zeit.

Von Henry Ford, wird berichtet:

Einmal rief Henry Ford einen Manager zu sich, der durch eine übereilte Entscheidung der Firma sehr geschadet hatte. Der Manager erklärte sofort: „Selbstverständlich übernehme ich die **Verantwortung für meinen Fehler** und werde kündigen." – „Sind Sie verrückt", antwortete Ford, **„wir haben gerade viele Dollar in Ihre Ausbildung investiert!"**

Die Angst vor Fehlern lähmt jegliche Kreativität: Innovationen erfordern nämlich immer Veränderung. Wer das Ziel hat, Fehler zu vermeiden, wird auch Veränderungen aus dem Weg gehen. **Jede Veränderung ist auch ein Risiko.**

In der heutigen schwierigen wirtschaftlichen Situation kann ein Unternehmen nur wettbewerbsfähig bleiben, wenn es flexibel auf Veränderungen reagiert und nach kreativen Lösungen sucht für neue Produkte, neue Verfahren und Kosteneinsparungen. Langfristig erfolgreich sein können Sie nur, wenn Sie bereit sind, **Erfolg versprechende Risiken in Kauf zu nehmen.** Und eine der Grundlagen dafür ist ein konstruktives Fehlermanagement.

Vermeiden des „Sündenbock-Syndroms": Da Fehler in vielen Unternehmen „einfach nicht passieren dürfen", geschieht typischerweise Folgendes: Man macht sich auf die Suche nach dem Sündenbock, um das Geschehene zu personalisieren. Im Sinne von: Der Fehler betrifft nicht das Unternehmen/die Abteilung/das Team, sondern nur Herrn Maier! Das ist selten allein richtig.

Schnelle Gegenmaßnahmen erleichtern die Fehlerbehebung: Oftmals ist es ja nicht der Fehler selbst, der großen Schaden anrichtet; der eigentliche Schaden entsteht **durch das „Aussitzen".** So lange aber das Eingeständnis von Fehlern als Schwäche gilt und negative Reaktionen zur Folge hat, werden Mitarbeiter dazu verleitet, ihre Fehler so lange wie möglich zu vertuschen. Eine funktionierende Fehlerkultur dagegen sorgt dafür, dass Fehler direkt behoben werden können.

Siegfried Wüst: **"Führung in einer veränderten Geschäftswelt"**
Spitzenleistung mit Augenmaß - Menschen ermöglichen Erfolge.

Punkte für Ihren beruflichen Erfolg?

- Werden Sie ein Meister Ihrer **Arbeits- und Lebens-Zeit** - (Zeitmanagement)
- Seien Sie **belastbar** – auch in stressigen Situationen - (auf Ausgleich achten)
- Bleiben Sie **motiviert** – und stecken Sie die anderen an - (positives denken)
- **Kommunizieren** Sie effizient und beeindruckend - (zuhören-hinsehen-fragen)
- Werden Sie ein „**Leertischler**" - (Pareto-Prinzip/ Hängeregister/Sichtweise)
- Finden Sie in zeitnah jedes Dokument - („Everything"-Programm)
- Werden Sie ein „**To-Do-Meister**" - (lösungsorientiert sein)
- Formulieren und präsentieren Sie **wirkungsvoll** - (mit Merkern, klar)
- Konzentrieren Sie sich auf den **Punkt** / das **Ziel** - (bei der Sache sein)
- Verfolgen Sie Ziele, ohne zu zweifeln und zu straucheln - (Ergebnisorientiert)
- Mehr Zeit für sich selbst – und Ihre Lieben - (Zeitmanagement, Ausgleich)
- Werden Sie ein **Kreativ-Genie** - (selbst, Gruppen, Techniken)

Persönliche und Soziale Kompetenzen

• Akzeptanz ausstrahlen	• Integrität (sich selber treu bleiben) zeigen	• Mut haben
• Rückgrat (Ehrlichkeit) zeigen	• korrekt sein	• Probleme erkennen/ beheben
• diskussionsfähig sein	• diszipliniert arbeiten	• Konflikte bewältigen
• sich durchsetzen können	• "Ich" bleiben, trotz Vorgesetztenfunktion	• Einfühlungsvermögen entwickeln
• zuverlässig sein	• gesprächs- und kompromißbereit sein	• Spannungen der Mitarbeiter untereinander innerhalb der Abteilung lösen
• Selbstbewußtsein haben/ zeigen	• Menschenkenntnis haben/ lernen	
• mit dem eigenen Chef umgehen können		• entscheidungsfreudig sein

Fürsorge	Weiterentwicklung
• Mitarbeiter nach außen vertreten	• Personalauswahl (Neueinstellung und Gruppierung) treffen
• Rückendeckung für die Mitarbeiter demonstrieren	• Generationenkonflikte zu lösen versuchen
• für Mitarbeiter sorgen	
• Mitarbeitersignale einschätzen	

Siegfried Wüst: **„Führung in einer veränderten Geschäftswelt"**
Spitzenleistung mit Augenmaß - Menschen ermöglichen Erfolge.

Diese Schriftreihe *https://www.grin.com/user/1862381* **beschäftigt sich mit der Führung und der Ausgestaltung von Geschäftsbeziehungen und stellt dabei die Menschen in den Vordergrund. Wer Gewinnstreben und Zukunftsfähigkeit verbinden kann wird siegen.**

„Unternehmen müssen wieder in/mit Kompetenzen und Mitarbeiterqualität handeln. Hierbei will ich über Verständnis und nachvollziehbare Praxis helfen. Kriterien wie: „Kunden sind das Kapital – Mitarbeiter das Eigenkapital" müssen gelebt werden." (SW)

Die Schriftreihe ist **praxisorientiert** und gibt direkte Hilfestellungen über Verständnis.
Sie hat nicht zu viel Theorie und legt Zusammenhänge verständlich dar.
Sie geht von der Bedeutung der guten Führung und der Wichtigkeit der Mitarbeiter aus.

Unsere **Art des Denkens** bestimmt unser Leben und unseren Erfolg.
Ein Unternehmen ist ein vernetztes Gebilde.
Es gilt immer Aktion und Reaktion zu berücksichtigen. Alle Entscheidungen haben Konsequenzen.

Unsere Unternehmen werden heute oftmals zu finanzlastig geführt.
Das „Made in Germany" hat auf unserm Ingenieurwissen aufgebaut und zur Kompetenz geführt.
Dies muss über gezielte Ausrichtungen erhalten oder wieder hergestellt und abgesichert werden.

Deutschland hat c. 40 Mio. Haushalte bei über 80 Mio. Bürger. Deutschland hat über 2 Mio. Unternehmen und im Staat (Bund, Land und Kommunen) noch einmal etwa 15.000 Entscheidungsträger. Das ist der inländische Rahmen, hinzu kommt die globale Welt.https://www.grin.com/user/1862381

Macht der Koch einen Fehler, kommt Soße darüber.
Macht der Maler einen Fehler, kommt Farbe darüber.
Macht der Arzt einen Fehler, kommt Erde darüber.

Was tun SIE als Führungskraft,
dass Ihre Mitarbeiter Ihre Fans werden?

Was tun SIE als Mitarbeiter,
dass Ihr Boss SIE wahrnimmt u. unterstützt?

BEI GRIN MACHT SICH IHR WISSEN BEZAHLT

- Wir veröffentlichen Ihre Hausarbeit, Bachelor- und Masterarbeit

- Ihr eigenes eBook und Buch - weltweit in allen wichtigen Shops

- Verdienen Sie an jedem Verkauf

Jetzt bei www.GRIN.com hochladen und kostenlos publizieren